EN PLANTEBASERT KOKEBOK FOR FULLKORN

MER ENN 100 OPPSKRIFTER AV URTER OG PLANTER UTEN SALT, OLJE OG RAFFINERT SUKKER FOR EN SUNN OG BALANSERT LIVSSTIL

Selma Ågotnes

Alle rettigheter forbeholdt.

Ansvarsfraskrivelse

Informasjonen i denne e-boken er ment å tjene som en omfattende samling av strategier som forfatteren av denne e-boken har forsket på. Oppsummeringer, strategier, tips og triks er kun anbefalinger fra forfatteren, og å lese denne e-boken vil ikke garantere at ens resultater nøyaktig vil speile forfatterens resultater. Forfatteren av e-boken har gjort alle rimelige anstrengelser for å gi oppdatert og nøyaktig informasjon til leserne av e-boken. Forfatteren og dens medarbeidere vil ikke holdes ansvarlige for eventuelle utilsiktede feil eller utelatelser som kan bli funnet. Materialet i e-boken kan inneholde informasjon fra tredjeparter. Tredjepartsmateriale består av meninger uttrykt av deres eiere. Som sådan påtar ikke forfatteren av e-boken seg ansvar eller ansvar for tredjepartsmateriale eller meninger. Enten på grunn av utviklingen av internett, eller uforutsette endringer i selskapets retningslinjer og redaksjonelle retningslinjer for innsending, kan det som er oppgitt som faktum på tidspunktet for skriving bli utdatert eller ubrukelig senere.

E-boken er copyright © 202 2 med alle rettigheter reservert. Det er ulovlig å redistribuere, kopiere eller lage avledet arbeid fra denne e-boken helt eller delvis. Ingen deler av denne rapporten kan reproduseres eller retransmitteres i noen form for reprodusert eller retransmittert i noen form uten skriftlig uttrykt og signert tillatelse fra forfatteren.

INNHOLDSFORTEGNELSE

INNHOLDSFORTEGNELSE 3

INNLEDNING 7

URTEBLANDINGER 9

   1. SALTFRI BLANDING 10
   2. ITALIENSK KRYDDER 12
   3. HAGEBLANDING 14
   4. FJÆRKREURTER 16
   5. FISKEURTER 18
   6. SPICY CHICKEN RUB 20
   7. GRESSKARPAI KRYDDERBLANDING 22
   8. SPICE SHAKER FOR FROKOST 24
   9. KARRIPULVER 26
  10. FAJITA BLEND 28
  11. SJØMATKRYDDER 30
  12. KYLLINGBUKETT 32
  13. BIFFBUKETT 34
  14. FISKEBUKETT 36

URTEJUICES OG SMOOTHIES 38

  15. JORDBÆR OG MACADAMIA SMOOTHIE 39
  16. GOJIBÆR OG PINJEKJERNER SMOOTHIE 41
  17. SOLBÆR-BOOSTER SMOOTHIE 43
  18. SURKIRSEBÆR OG RÅ KAKAOSMOOTHIE 45
  19. MANDEL- OG ROSESMOOTHIE 47
  20. PISTASJE- OG AVOKADOSMOOTHIE 49
  21. MACA OG MANGO SMOOTHIE 51
  22. PLOMME- OG FENNIKELSMOOTHIE 53
  23. POWER BÆR SMOOTHIE 55

24.	TIDLIG HØST-VANDRINGSGLEDE	57
25.	HAGEGRØNT JUICE	59
26.	RØD PEPPER OG SPIRET FRØ JUICE	62
27.	INGEFÆR OG FENNIKELJUICE	64
28.	FENNIKEL- OG BROKKOLISPIRER JUICE	66
29.	BOKHVETEGRØNT OG ERTESKUDDSAFT	68
30.	TOMATSALSAJUICE	70
31.	ARTISJOKKBLAD OG FENNIKELJUICE	72
32.	SOLSIKKEGRØNT OG HVETEGRESSJUICE	74

URTETE 76

33.	SITRONMELISSE OG ROSETE	77
34.	JASMIN- OG SITRONGRESSTE	79
35.	GOJI BÆR OG DAMIANA TE	81
36.	NYPE- OG BLÅBÆRTE	83
37.	KRYSANTEMUM OG HYLLEBLOMSTTE	85
38.	KAMILLE- OG FENNIKELTE	87
39.	LØVETANN OG BURDOCK TE	89
40.	RYLLIK OG CALENDULA TE	91
41.	HODESKALLE OG ORANSJE BLOMSTERTE	93
42.	BLACKBERRY OG VILLJORDBÆR TE	95
43.	PEPPERMYNTE OG CALENDULA INFUSJON	97
44.	HAGTORN BLOMST OG LAVENDEL TE	99
45.	BRENNESLE OG KLYVERTE	101
46.	MULLEIN OG MARSHMALLOW TE	103
47.	KJERRINGROKK OG MAISSILKE-TE	105
48.	FRUKT URTE ISTE	107
49.	BRINGEBÆRURTETE	111
50.	KARDEMOMME TE	113
51.	SASSAFRAS TEA	115
52.	MORINGA TEA	117

53. Salviete 119

HJERTER OG SIRUPER 121

54. Blackberry and lime cordial 122
55. Hyllebær- og hylleblomsthjerte 124
56. Søt fiolett og ingefærhonning 127
57. Sitronmelisse og honningpuré 129
58. Nype sirup 132
59. Mullein og anis sirup 134
60. Rosebladsirup 136
61. Surkirsebærsirup 138
62. Echinacea og timiansirup 140

URTETINKTUER 143

63. Tinktur av .... Peppermynte og timian 144
64. Hyllebær og lakris tinktur 146
65. Tinktur av limeblomst og hagtornbær 149
66. Pasjonsblomst- og kamilletinktur 152
67. Kysk bær og dang gui tinktur 155
68. Tinktur av gojibær og sibirsk ginseng 158
69. Tinktur av rødkløver og klyver 161
70. Echinacea og hyllebær vinterbeskyttelsestinktur 164
71. Tinktur av .... Løvetann og burre 167
72. Crampbark og valerian tinktur 170
73. Tinktur .... av svart cohosh og salvie 173
74. Bjørkeblad- og brenneslerot tinktur 176

URTEMAT 179

75. Smuldret urtekylling 180

76. Kyllingkrem med urter *181* 183

INTRODUKSJON

Det er ingen generell regel om hvor mye urter som skal brukes. De fleste oppskrifter spesifiserer en mengde i ingredienslisten. Hvis du ikke har en oppskrift å følge, start med ¼ teskje og tilsett mer etter behov for å oppnå din ideelle smak. Du vil ikke at urtene skal overdøve de andre smakene i retten.

Tørkede urter er sterkere enn friske urter, så du må bruke mer av de friske urtene. Hvis oppskriften krever 1 ts tørkede, knuste urter eller ¼ ts pulveriserte urter, bruk 3 ts (1 ss) ferske. Følgende tørkede urteblandinger er flotte å prøve med enhver rett. Husk å justere mengden ved bruk av ferske urter.

Vanlige urter

A. **Tomatprodukter** (juice, pastasaus, pizzasaus), egg, viltkjøtt, lam, kalv, ris, spaghetti, vinaigrette, supper (minestrone, erter, poteter og grønnsaker), bønner, aubergine

B. **Timian** - Egg, viltkjøtt, lam, kalv, ris, fjærfe, barbequesaus, fisk, østers, chowders, supper (løk, tomat og grønnsaker), sopp, tomater

C. **Rosmarin** – Dumplings, egg, viltkjøtt, lam, kalv, fjærfe, fisk, grillsaus, kylling, biff, supper (erter og grønnsaker), bønner, sopp, poteter, blomkål, kålrot

D. **Oregano** - **Tomatretter** , biff, viltkjøtt, kalvekjøtt, spaghetti, muslinger, supper (bønner, minestrone og tomat), bønner, aubergine og sopp

E. **Dill**— **Tomatretter** , gjærbrød, egg, coleslaw, potetsalat, fisk, bønner, rosenkål, blomkål, agurk, sommersquash

F. **Persille** - salater, grønnsaker, pasta

G. **Salvie** - Cottage cheese, viltkjøtt, svinekjøtt, ris, fjærfe, supper (kylling, minestrone og grønnsaker), fylling

H. **Cilantro** - meksikansk og asiatisk matlaging, ris, salsa, tomater

I. **Mynte**— Desserter, lam, erter, fruktsalater, sauser

URTEBLANDINGER

1. Saltfri blanding

gir omtrent ⅓ kopp

Ingredienser

- 1 ss sennepspulver
- 2 ts persille
- 2 ts løkpulver
- 2 ts timian
- 1 ss hvitløkspulver
- 2 ts dill gress
- 2 ts velsmakende
- 2 ts paprika
- 2 ts sitronskall

Veibeskrivelse

a) Kombiner og oppbevar i en lufttett beholder.

b) Når du er klar til bruk, bland en liten mengde med vann for å danne en pasta.

2. Italiensk krydder

gjør ca 1½ kopper

Ingredienser

- ½ kopp tørket oregano
- ½ kopp tørket basilikum
- ½ kopp tørket rosmarin
- ¼ kopp tørket persille
- ½ kopp tørket timian
- 1 ss fennikelfrø, knust
- ¼ kopp tørket merian
- 2 ss tørket salvie
- ¼ kopp tørket oregano
- 1 ss varme røde pepperflak
- ¼ kopp tørket velsmakende

Veibeskrivelse

a) Kombiner og oppbevar i en lufttett beholder.

b) Når du er klar til bruk, bland en liten mengde med vann for å danne en pasta.

3. Hageblanding

gjør ca 1¼ kopp

Ingredienser
- 2 ss tørkede lavendelblader
- 2 ss tørkede fennikelfrø eller stilker
- 3 ss tørket persille
- 3 ss tørket basilikum
- 3 ss tørket timian
- 3 ss tørket merian
- 3 ss tørket rosmarin
- 3 ss tørket gressløk
- 3 ss paprika
- ½ ts hvitløkspulver

Veibeskrivelse

a) Kombiner og oppbevar i en lufttett beholder.

b) Når du er klar til bruk, bland en liten mengde med vann for å danne en pasta.

4. Fjærkre Urter

gir omtrent ⅓ kopp

Ingredienser
- 2 ss tørket estragon
- 1 ss tørket merian
- 1 ss tørket basilikum
- 1 ss tørket rosmarin
- 1 ts paprika
- 1 ts tørket løvstikk

Veibeskrivelse

a) Kombiner og oppbevar i en lufttett beholder.

b) Når du er klar til bruk, bland en liten mengde med vann for å danne en pasta.

5. Fisk Urter

gjør ca ½ kopp

Ingredienser

- 3 ss tørket dill
- 2 ss tørket basilikum
- 1 ss tørket estragon
- 1 ss tørket sitrontimian
- 1 ss tørket persille
- 1 ss tørket kjørvel
- 1 ss tørket gressløk

Veibeskrivelse

a) Kombiner og oppbevar i en lufttett beholder.

b) Når du er klar til bruk, bland en liten mengde med vann for å danne en pasta.

6. Spicy Chicken Rub

Ingredienser

- 2 ts chilipulver
- 1 ts malt oregano
- 1 ts korianderblader, tørket og smuldret
- 1/2 til 1 ts kajennepepper
- 1 ts hvitløkspulver
- 1/2 ts nykvernet sort pepper
- 1/2 ts malt ingefær
- 1/2 ts malt spisskummen

Veibeskrivelse

c) Kombiner og oppbevar i en lufttett beholder.

d) Når du er klar til bruk, bland en liten mengde med vann for å danne en pasta.

7. Krydderblanding av gresskarpai

Ingredienser

- 1/3 kopp kanel
- 1 ss malt ingefær
- 1 ss muskat eller muskatblomme
- 1 1/2 ts malt nellik
- 1 1/2 ts allehånde

Veibeskrivelse

a) Kombiner og oppbevar i en lufttett beholder.

b) Tilsett 1 til 11/2 ts av denne blandingen til fyllet med gresskarpai.

8. Spice Shaker til frokost

Ingredienser

- 1 kopp sukker
- 3 ss kanel
- 1 ts muskat eller muskatblomme
- 1 ts kardemomme

Veibeskrivelse

a) Kombiner og oppbevar i en lufttett beholder.

b) Dryss på pannekaker, toast eller havregryn.

9. Karri pulver

Ingredienser

- 4 ss malt koriander
- 3 ss malt gurkemeie
- 2 ss malt spisskummen
- 1 ss nykvernet sort pepper
- 1 ss malt ingefær
- 1 ts malte fennikelfrø
- 1 ts chilipulver
- 1/2 ts kajennepepper

Veibeskrivelse

a) Kombiner og oppbevar i en lufttett beholder.

b) Legg til kylling- eller eggesalat eller ris, eller bruk til å lage kjøtt- eller grønnsakskarri.

10. Fajita-blanding

Ingredienser

- 4 ss chilipulver
- 2 ss malt spisskummen
- 2 ts malt oregano
- 2 ts hvitløkssalt

Veibeskrivelse

a) Kombiner og oppbevar i en lufttett beholder.

b) Dryss på fajita-kjøtt eller rør inn i kjøttkaker eller burgere for et krydret kick.

11. Sjømatkrydder

Ingredienser

- 2 ss allehånde
- 2 ss sellerisalt
- 2 ss malt sennep
- 1 ss malt ingefær
- 1 ss paprika
- 3/4 ts kajennepepper

Veibeskrivelse

a) Kombiner og oppbevar i en lufttett beholder.

b) Legg til sjømatsalater og chowders, eller dryss på fiskefileter.

12. Kyllingbukett

Ingredienser

- 1 laurbærblad
- 1 ss estragon
- 1 ss persille
- 1 ts rosmarin
- 1 ts timian

Veibeskrivelse

a) Kombiner og oppbevar i en lufttett beholder.

13.   Biff bukett

Ingredienser

- 1 ts sorte pepperkorn
- 2 hele nellik
- 1 knust laurbærblad
- 2 ts timian
- 2 ts merian
- 2 ts velsmakende
- 1 ss persille
- /2 ts knuste løvstikkblader

Veibeskrivelse

a) Kombiner og oppbevar i en lufttett beholder.

14. Fiskebukett

Ingredienser

- 1 laurbærblad
- 2 sorte pepperkorn
- 1 ts timian
- 1 ts fennikelgras
- 1 ts knuste løvstikkblader
- 1 ss persille

Veibeskrivelse

a) Kombiner og oppbevar i en lufttett beholder.

URTESAFT OG SMOOTHIES

15. Jordbær og macadamia smoothie

Gir 4 porsjoner

Ingredienser

- 1/2 vaniljestang
- 50 g (1 3/4 oz) rå macadamianøtter
- fruktkjøtt av 1 ung mellomstor kokosnøtt
- 250 g (9 oz) friske jordbær
- litt av kokossaften (valgfritt)

Veibeskrivelse

a) Skjær opp vaniljestangen med en skarp kniv, og skrap deretter ut frøene.

b) Ha nøttene og kokosmassen i en blender eller foodprosessor.

c) Tilsett jordbærene og vaniljefrøene. Pulser alle ingrediensene for å gi en jevn, silkeaktig tekstur. Hvis smoothien virker veldig tykk, tilsett nok kokosnøttjuice for å gi den en bedre tekstur. Hell i 4 glass og server.

16. Gojibær og pinjekjerner smoothie

Gir 2 porsjoner

Ingredienser

- 50 g (1 3/4 oz) mandler
- 50 g (1 3/4 oz) gojibær
- 20 g (3/4 oz) pinjekjerner
- 1 ts linolje
- 2-3 blader fersk peppermynte 350-400 ml (12-14 fl oz.) mineralvann

Veibeskrivelse

a) Ha alle ingrediensene i en blender eller foodprosessor og bland med mineralvannet for å gi en jevn silkeaktig tekstur.

b) Hvis konsistensen er litt for tykk, tilsett litt mer vann og bland.

17.   Solbær booster smoothie

Gir 2 porsjoner

Ingredienser

- 50 g (1 3/4 oz) friske solbær (eller brukt tørket og bløtlegg først)
- 50 g (1 3/4 oz) stekt bygg
- 4 ts agavesirup
- 4 ts kokosolje
- 250 ml (9 fl oz.) rismelk
- Litt mineralvann

Veibeskrivelse

a) Ha alle ingrediensene unntatt mineralvannet i en blender eller foodprosessor og kjør til en jevn masse.

b) Tilsett nok mineralvann for å sikre at smoothien har en hellbar konsistens.

18. Sur kirsebær og rå kakao smoothie

Gir 2 porsjoner

Ingredienser

- 50 g (1 3/4 oz) surkirsebær, steinet hvis de er ferske, eller tørkede

- 300 ml (10 fl oz.) ris- eller mandelmelk 4 ts rå eller vanlig kakaopulver 4 ts hampfrø, avskallede 4 ts linfrøolje

Veibeskrivelse

a) Hvis du bruker tørkede surkirsebær, bløtlegg dem i noen timer i 150 ml (5 fl oz.) mineralvann.

b) Kombiner halvparten av ris- eller mandelmelken med resten av ingrediensene i en blender eller foodprosessor og kjør til en jevn, silkeaktig, hellbar konsistens. Tilsett resten av melken i etapper til konsistensen på smoothien er etter din smak.

19.   Mandel- og rosesmoothie

Gir 2 porsjoner

Ingredienser

- 50 g (1 3/4 oz) mandler
- 300-400 ml (10-14 fl oz.) mineralvann 2 1/2 ss rosesirup
- 4 ts mandelolje
- 1 dråpe rose attar eterisk olje (valgfritt)
- 8 damask roseblader (valgfritt)

Veibeskrivelse

a) Kombiner halvparten av mineralvannet med resten av ingrediensene i en blender eller foodprosessor og kjør til en jevn, silkeaktig, hellbar konsistens.

b) Tilsett resten av vannet trinnvis til konsistensen på smoothien er etter din smak.

20. Pistasje- og avokadosmoothie

Gir 2 porsjoner

Ingredienser

- 50 g (13/4 oz) pistasjnøtter (pluss noen til pynt)
- 1 liten avokado, steinet, skrellet og delt i kvarte
- 1 ts hampfrøolje
- 2 ts linolje
- saft av 1/2 sitron
- fersk juice av 6 stangselleri
- nykvernet sort pepper etter smak en klype salt
- 3-4 friske basilikumblader
- litt mineralvann

Veibeskrivelse

a) Ha alle ingrediensene unntatt mineralvannet i en blender eller foodprosessor og kjør til en jevn masse. Tilsett nok mineralvann for å sikre at smoothien har en hellbar konsistens.

b) Server i glass, med et dryss finhakkede pistasjnøtter på toppen av hver.

21. Maca og mango smoothie

Gir 2 porsjoner

Ingredienser

- 2 store modne mangoer
- 2 ts maca rotpulver
- 2 ts hampfrø, avskallet
- 2 ts kokosolje
- saft av 1 sitron
- 4 friske peppermynteblader
- litt mineralvann (valgfritt)

Veibeskrivelse

a) Ha alle ingrediensene i en blender eller foodprosessor og kjør til en jevn, silkeaktig tekstur.

b) Spe med mineralvann etter behov.

22.   Plomme og fennikel smoothie

Gir 2 porsjoner

Ingredienser

- 9-10 store mørkeblåskinnede plommer
- 1/2 ts fennikelfrø
- 2 ss linfrø, bløtlagt
- 2 ss avskallede hampfrø, bløtlagt

Veibeskrivelse

a) Kok opp plommene først: legg dem i en kjele med 250 ml mineralvann, tilsett fennikelfrøene og kok opp. Sett på lokket og la det småkoke på svak varme i 10-12 minutter. La det avkjøles.

b) Overfør til en blender eller foodprosessor, tilsett de resterende frøene (eller oljene, hvis du bruker) og kjør til en jevn konsistens.

23.   Power bær smoothie

Gir 2 porsjoner

Ingredienser

- 2 ss friske bringebær
- 2 ss friske bjørnebær
- 2 ss friske blåbær
- 2 ss friske solbær
- 2 ts acai bær pulver
- 800 ml sitrongress infusjon, kald
- litt mineralvann (valgfritt)
- en skvett lønnesirup eller en klype steviapulver (valgfritt)

Veibeskrivelse

a) Ha de friske bærene og acaibærpulveret i en blender eller foodprosessor, tilsett sitrongressinfusjonen og kjør til en jevn, silkeaktig tekstur.

b) Tilsett eventuelt litt mineralvann for å oppnå en konsistens du liker.

24. Fryd for tidlig høstvandring

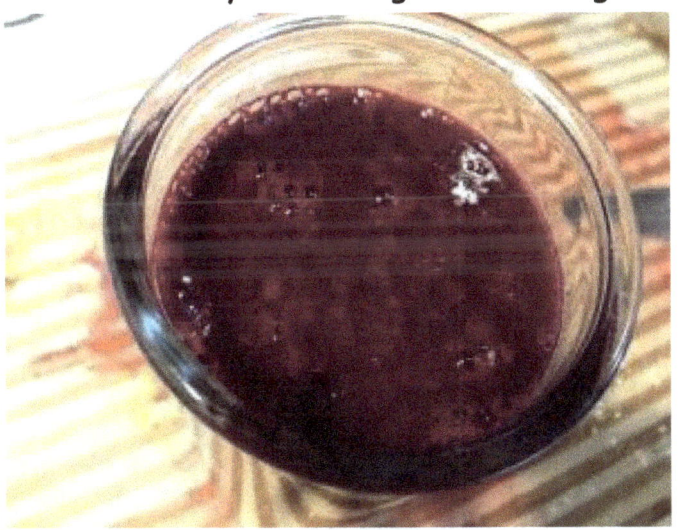

Gir 2 porsjoner

Ingredienser

- 3 1/2 epler, skrelles, kjernekjernes og hakkes
- 1/3 pære skrelles, kjernekjernes og hakkes
- 12 modne hyllebær, skylt, med alle stilker fjernet
- 20 modne bjørnebær, skylt

Veibeskrivelse

a) Ha alle ingrediensene i en blender eller foodprosessor og kjør til en jevn masse.

b) Del mellom to glass og topp med hyllebær- og hylleblomstsirup for å forsterke det antivirale innholdet i smoothien.

25. Hagegrønt juice

Gir 2 porsjoner

Ingredienser

- 2 håndfuller grønnkålblader
- 2 mangoldblader
- 1 stor håndfull spinatblader
- 1/2 agurk
- 1 liten grønn squash
- 3 stilker selleri
- 2 løvetannblader (store)
- 2 stilker fersk merian
- en dæsj sitronsaft (valgfritt)

Veibeskrivelse

a) Vask og juice alle grønnsakene og urtene, og bland grundig. Tilsett sitronsaften etter smak hvis du ønsker det, eller

b) hvis du foretrekker en kraftigere sitronsmak , tilsett en åttendedel av en sitron (økologisk er å foretrekke) og bland godt til det er blandet.

26. Rød pepper og spiret frøsaft

Gir 2 porsjoner

Ingredienser

- 1 rød paprika, fjernet fra frø og delt i fire
- 20 g (3/4 oz) spirede alfalfafrø
- 20 g (3/4 oz) spiret rødkløverfrø
- 10 g (1/4 oz) spirede brokkolifrø
- 1/2 agurk
- 2-3 friske mynteblader
- 1/2 liten fersk rød chili , uten frø

Veibeskrivelse

a) Juice alle ingrediensene og bland grundig.

27. Ingefær og fennikeljuice

Gir 2 porsjoner

Ingredienser

- 1 stor fennikelpære
- 1 cm (1/2in) terning fersk ingefærrot, skrelt
- 2 stangselleri
- 1/2 liten agurk
- 1/2 liten grønn squash
- 1 stilk fersk basilikum

Veibeskrivelse

a) Juice alle ingrediensene, bland godt og drikk umiddelbart.

28.   Fennikel og brokkoli spirer juice

Gir 2 porsjoner

Ingredienser

- 1 stor fennikelpære
- 45 g (11/2 oz) spirede brokkolifrø
- 45 g (11/2oz) spirede alfalfafrø
- 1 stor gulrot
- 2 stilker selleri
- 2-3 friske mynteblader skvett sitronsaft

Veibeskrivelse

a) Juice alle ingrediensene, tilsett sitronsaften etter smak og bland godt.

29. Bokhvetegrønt og erteskuddjuice

Gir 2 porsjoner

Ingredienser

- 2 ss unge bokhvetegrønt, finhakket
- 4 ss ferske erteskudd
- 2 squashretter
- 1 agurk
- 2 ss friske merianblader
- en dæsj sitronsaft
- 200 ml (7 fl oz.) mineralvann

Veibeskrivelse

a) Juice alle ingrediensene, tilsett mineralvann og sitronsaft etter smak og bland godt.

30. Tomatsalsajuice

Gir 2 porsjoner

Ingredienser

- 5 modne tomater
- 1/2 agurk
- 1 lite fedd hvitløk
- 1/2 fersk rød chili , uten frø
- 1 stilk friske basilikumblader
- 2 stilker selleri
- 1 ts virgin olivenolje
- salt etter smak
- 1 rød paprika, uten frø

Veibeskrivelse

a) Juice alle grønnsaker og urter, tilsett olivenolje, smak til med litt salt om du ønsker det, og bland godt.

b) Hvis du foretrekker juicerød, tilsett 1 rød pepper uten frø til grønnsakene og urtene når du juicer dem.

31. Artisjokkblad og fennikeljuice

Gir 2 porsjoner

Ingredienser

- 1 ts artisjokkblader, finhakket
- 1 middels fennikelpære
- 4 friske løvetannblader
- 4 stangselleri
- 1/2 squash

Veibeskrivelse

a) Juice alle ingrediensene, bland grundig og drikk.

b) Hvis du finner juicen for bitter, fortynn den med litt mineralvann til den smaker velsmakende.

32.   Solsikkegrønt og hvetegressjuice

Gir 2 porsjoner

Ingredienser

- 100 g (31/2 oz) solsikkegrønt
- 100 g (31/2oz) hvetegressblader
- 300 ml (10 fl oz.) eller mer mineralvann

Veibeskrivelse

a) Juice solsikkegrønt og hvetegress, bland godt og tilsett nok mineralvann til å fortynne smaken av juicen og gi den en velsmakende smak.

URTETE

33. Sitronmelisse og rosete

Gir 2-3 porsjoner

Ingredienser

- 16 blader fersk sitronmelisse (de myke blomstrende toppene kan også brukes), eller 1 ss tørket sitronmelisse

- 2 rosehoder med kronbladene fjernet, eller 2 ss tørkede roseblader

Veibeskrivelse

a) Ha de friske sitronmelissebladene og rosebladene i en stor tekanne. Hvis du bruker tørket sitronmelisse og roseblader, hell dem i tekannen i stedet.

b) Kok opp 500 ml (16 fl oz.) vann, la det avkjøles i 5 minutter, og hell det deretter i tekannen. La trekke i 5 minutter og server deretter. Mer vann kan tilsettes senere om nødvendig for å re-infundere bladene og rosebladene.

34.   Jasmin og sitrongress te

Gir 2 porsjoner

Ingredienser

- 1 stilk sitrongress, hakket
- 1 ss sjasminblomster
- en dæsj limejuice

Veibeskrivelse

a) Legg det hakkede sitrongresset i en tekanne og tilsett sjasminblomstene.

b) Fortynn 200ml (7fl oz.) kokt vann med 100ml (3/2fl oz.) kaldt vann slik at temperaturen på det varme vannet er omtrent 70°C (158°F).

c) Hell vannet i tekannen, la aromaen utvikle seg og server. I varmt vær kan denne teen serveres kjølt.

35. Goji bær og damiana te

Gir 2 porsjoner

Ingredienser

- 1 ss gojibær, ferske eller tørkede
- 1 ts damiana (Turnera diffusa)
- 1/2 ts lakrisrotpulver

Veibeskrivelse

a) Plasser alle ingrediensene i en tekanne, dekk til med 300 ml (10 fl oz.) kokende vann, la stå i 10-15 minutter, og server deretter. Infusjonen kan også stå kjølig og serveres som en kald drikke.

36. Nype- og blåbærte

Gir 2 porsjoner

Ingredienser

- 1 ss nypeskjell, ferske eller tørkede
- 1 ss blåbær, ferske eller tørkede
- 1 ts appelsinskall
- 1 ts gojibær, ferske eller tørkede

Veibeskrivelse

a) Ha alle ingrediensene i en tekanne og dekk til med 300 ml (10 fl oz.) kokende vann.

b) La trekke i 10–15 minutter, sil og server.

37. Krysantemum og hylleblomst te

Gir 2 porsjoner

Ingredienser

- 1/2 ss krysantemumblomster
- 1/2 ss hylleblomster
- 1/2 ss peppermynte
- 1/2 ss brennesleblader

Veibeskrivelse

a) Legg alle ingrediensene i en tekanne, dekk til med 300 ml (10 fl oz.) kokende vann, la trekke og server.

b) Drikk 3-4 kopper om dagen i høysnuesesongen.

38. Kamille og fennikel te

Gir 3 porsjoner

Ingredienser

- 1 ts kamilleblomster
- 1 ts fennikelfrø
- 1 ts engsøt
- 1 ts marshmallow rot, finhakket
- 1 ts ryllik

Veibeskrivelse

a) Ha urtene i en stor tekanne.

b) Kok opp 500 ml (16 fl oz.) kokende vann, og tilsett i tekannen. La trekke i 5 minutter og server.

c) Drikk 1 krus av infusjonen 2-3 ganger om dagen.

39. Løvetann og burdock te

Gir 3-4 porsjoner

Ingredienser

- 1 ts løvetannblader
- 1 ts burdockblader
- 1 ts cleavers urt
- 1 ts rødkløverblomster

Veibeskrivelse

a) Plasser alle ingrediensene i en tekanne, hell i 500 ml (16 fl oz.) kokende vann, la trekke i 10-15 minutter, og server. Drikk varmt eller kaldt gjennom dagen.

40. Ryllik og calendula te

Gir 3-4 porsjoner

Ingredienser

- 1 ts ryllik
- 1 ts ringblomstblomster
- 1 ts damekappe
- 1 ts vervain
- 1 ts bringebærblad

Veibeskrivelse

a) Plasser alle ingrediensene i en tekanne, hell i 500 ml (16 fl oz.) kokende vann, la trekke i 10-15 minutter, og server. Drikk varmt eller kaldt gjennom dagen.

b) Ta 2-4 kopper når smerten begynner, og vurder med helsepersonell om smerten vedvarer.

41.   Hodeskalle og oransje blomsterte

Gir 3-4 porsjoner

Ingredienser
- 1 ts kalott
- 1 ts oransje blomster
- 1 ts johannesurt
- 1 ts trebetony
- 1 ts sitronmelisse

Veibeskrivelse

a) Plasser alle ingrediensene i en tekanne, hell i 500 ml (16 fl oz.) kokende vann, la trekke i 10-15 minutter, og server.

b) Drikk varmt eller kaldt gjennom dagen.

42.   Blackberry og villjordbær te

Gir 3-4 porsjoner

Ingredienser

- 2 ts bjørnebærblader
- 1 ts markjordbærblader
- 1 ts bringebærblader
- 1 ts solbærblader

Veibeskrivelse

a) Plasser alle ingrediensene i en tekanne, hell i 500 ml (16 fl oz.) kokende vann, la trekke i 10-15 minutter, og server.

b) Drikk varmt eller kaldt gjennom dagen.

43.   Infusjon av peppermynte og calendula

Gir 4 porsjoner

Ingredienser

- 1 ts peppermynteblader
- 1 ts calendula blomster
- 1 ts morurt
- 1 ts vervain
- rosebladsirup for å søte

Veibeskrivelse

a) Ha alle urtene i en stor tekanne.

b) Kok opp 600 ml (1 halvliter) kokende vann, og hell over urtene. La det trekke i 20 minutter, og sil deretter væsken gjennom en tesil til en ren kanne. Drikk 1 krus av infusjonen 2-3 ganger om dagen, enten varmt eller ved romtemperatur.

44. Hagtorn blomst og lavendel te

Gir 3-4 porsjoner

Ingredienser

- 1 ts hagtorn blomster
- 1 ts lavendel
- 1 ts roseknopper
- 1 ts oransje blomster
- 1 ts sjasmin

Veibeskrivelse

a) Plasser alle ingrediensene i en tekanne, hell i 500 ml (16 fl oz.) kokende vann, la trekke i 10-15 minutter, og server.

b) Drikk varmt eller kaldt hele dagen.

45. Brennesle og cleavers te

Gir 2 porsjoner

Ingredienser

- 2 ts brennesleblader
- 2 ts klyver

Veibeskrivelse

a) Plasser ingrediensene i en tekanne, hell i 300 ml (10 fl oz.) kokende vann, la trekke i 10-15 minutter, og server.

b) Drikk varmt eller kaldt hele dagen.

46. Mullein og marshmallow te

Gir 2 porsjoner

Ingredienser

- 1 ts mulleinblader
- 1 ts marshmallow blader
- 1 ts ribwort plantain

Veibeskrivelse

a) Ha alle ingrediensene i en tekanne, hell i 300 ml (10 fl oz.) kokende vann, la trekke i 10-15 minutter, og server.

b) Drikk varmt eller kaldt hele dagen.

47.   Kjerringrokk og maissilke te

Gir 5-6 porsjoner

Ingredienser

- 2 ts kjerringrokk
- 2 ts maissilke
- 2 ts løvetannblader
- 2 ts klyver
- 2 ts ribwort plantain blader

Veibeskrivelse

a) Ha alle ingrediensene i en tekanne, hell i 600 ml (1 halvliter) kokende vann, la trekke i 10-15 minutter og server.

b) Drikk varmt eller kaldt hele dagen.

48.   Frukt urte iste

Utbytte: 1 porsjon

Ingrediens

- 1 pose Tazo Passion te
- 1 liter vann
- 2 kopper fersk appelsinjuice
- Oransje hjul
- Mynteblader

Veibeskrivelse:

a) Plasser teposen i 1 liter kokende vann og la trekke i 5 minutter.

b) Fjern teposen. Hell te i en 1-liters mugge fylt med is. Når isen smelter, fyll den gjenværende plassen i muggen med vann.

c) Fyll en cocktailshaker med halvparten av brygget te og halvparten appelsinjuice. Rist godt og sil over i et isfylt glass. Pynt med appelsinhjul og mynteblader.

Utbytte: 1 porsjon

Ingrediens

- Pose med tørkede limeblomster
- Kokende vann

Veibeskrivelse:

a) Bare legg tørkede blomster, en liten håndfull til den gjennomsnittlige tekanne, i potten. Hell i det kokende vannet og rør godt. Tjene.

b) Ikke la trekke i mer enn fire minutter, da smaken vil gå tapt.

49.   Bringebær urtete

Utbytte: 8 porsjoner

Ingrediens

- 2 bringebærteposer i familiestørrelse
- 2 Blackberry te-teposer
- 2 teposer av solbær te
- 1 flaske musserende eplecider
- ½ kopp juice konsentrat
- ½ kopp appelsinjuice
- ½ kopp sukker

Veibeskrivelse:

a) Legg alle ingrediensene i en stor mugge. Slapp av. Vi serverer vår med isbiter med frukt.

b) Reserver nok juice til å fylle et isbitbrett, og vi legger skiver av jordbær og blåbær i hver terning.

50. Kardemomme te

Utbytte: 1 porsjon

Ingrediens

- 15 kardemommefrø vann
- ½ kopp melk
- 2 dråper vanilje (til 3 dråper)
- Honning

Veibeskrivelse:

a) For dårlig fordøyelse, bland 15 pulveriserte frø i ½ kopp varmt vann. Tilsett 1 unse fersk ingefærrot og en kanelstang.

b) La småkoke i 15 minutter på svak varme. Tilsett ½ kopp melk og la det småkoke i 10 minutter til. Tilsett 2 til 3 dråper vanilje. Søt med honning. Drikk 1 til 2 kopper daglig.

51. Sassafras te

SERVER: 10

Ingredienser

- 4 sassafras røtter
- 2 liter vann
- sukker eller honning

Veibeskrivelse:

a) Vask røtter og skjær av spirene der de er grønne og der roten slutter.

b) Kok opp vann og tilsett røtter.

c) La småkoke til vannet er dypt brunrødt (jo mørkere jo sterkere - jeg liker min sterk).

d) Sil over i en mugge gjennom ståltråd og et kaffefilter hvis du ikke vil ha noe bunnfall.

e) Tilsett honning eller sukker etter smak.

f) Serveres varm eller kald med sitron og en kvist mynte.

52.   Moringa te

Porsjoner: 2

Ingrediens s

- 800 ml vann
- 5-6 mynteblader - revet
- 1 ts spisskummen frø
- 2 ts Moringa pulver
- 1 ss lime/sitronsaft
- 1 ts økologisk honning som søtningsmiddel

Veibeskrivelse:

a) Kok opp 4 kopper vann.

b) Tilsett 5-6 mynteblader og 1 teskje spisskummen/ jeera.

c) La det koke til vannet er redusert til halve mengden.

d) Når vannet reduseres til det halve, tilsett 2 ts Moringa-pulver.

e) Reguler varmen til høy, når den skummer og kommer opp, skru av varmen.

f) Dekk til med lokk og la stå i 4-5 minutter.

g) Etter 5 minutter, sil te over i en kopp.

h) Tilsett økologisk honning etter smak og press inn fersk limejuice.

53.   Salvie te

Ingredienser

- 6 friske salvieblader, igjen på stilken
- Kokende vann
- Honning (eller agavesirup for veganer)
- 1 sitronskive

Veibeskrivelse

a) Kok opp vannet.

b) Vask salvien grundig.

c) Ha salvie i et krus, og hell over det kokende vannet. La urtene trekke i 5 minutter.

d) Fjern salvie. Rør inn en skvett honning og en skvis sitron.

HJERTER OG SIRUPER

54. Hjertelig bjørnebær og lime

Gir 500 ml (16 fl oz.)

Ingredienser

- 1 kg (2 1/4 lb) frisk bjørnebærjuice av 4 lime
- 350 g (12 oz) melis

Veibeskrivelse

a) Over lav varme, la bjørnebærene og limejuicen småkoke i 600 ml (1 halvliter) vann i en kjele i omtrent 15 minutter.

b) La avkjøle i 10 minutter eller så, skyv deretter blandingen gjennom en sil og kast fruktkjøttet og kjernene. Hell den silte saften i en ren kjele, og tilsett sukkeret. Rør over svak varme til sukkeret har løst seg opp, og la det deretter småkoke i ca 5 minutter til blandingen er sirupsaktig.

c) Hell på steriliserte flasker, forsegl, avkjøl og bruk innen noen få dager. Fortynn etter smak med brus eller stillestående mineralvann og fersk mynte- eller limeskiver for å lage en forfriskende drink.

55. Hyllebær- og hylleblomsthjerte

Gir 500 ml (16 fl oz.)

Ingredienser

- 50 g (13/4 oz) friske eller tørkede hylleblomster
- 100 g (31/2 oz) hyllebær
- 1 liten kanelstang
- 1 ts anis
- 1 ss fersk ingefærrot, revet
- 400 g (14 oz) sukker
- saft av 1/2 sitron

Veibeskrivelse

a) alle ingrediensene unntatt sukkeret og sitronsaften i en kjele, tilsett 1 liter vann, dekk til og la det småkoke på svak varme i 25-30 minutter.

b) Sil væsken over i en målekrukke. Hell 600 ml (1 halvliter) i en kjele og tilsett sukker. (Enhver ekstra væske kan drikkes som te.)

c) Rør forsiktig over lav varme for å løse opp sukkeret. Når alt sukkeret er oppløst, tilsett sitronsaften og la det småkoke i ytterligere 10-15 minutter med lokket av. Kok så opp i 2-3 minutter og fjern fra varmen.

d) Hell i en sterilisert glassflaske mens den fortsatt er varm, forsegl, merk med en liste over ingrediensene og dato. Oppbevares i kjøleskap og brukes innen 3-4 uker.

e) Tilsett en spiseskje av den hjertelige til en kopp kaldt eller varmt vann, eller drypp på pannekaker eller frokostblandinger.

56. Søt fiolett og ingefærhonning

Gir 400-500 g (14oz-1lb 2oz)

Ingredienser

- 20 g (3/4 oz) friske fiolette blader og blomster (eller bruk bratsj, eller hjertesease, hvis ikke tilgjengelig)
- 30 g (1 oz) fersk ingefærrot
- 20 g (3/4 oz) friske plantainblader
- 30 g (1 oz) friske houttuynia- blader
- 500 g (1 lb 2 oz) rennende honning

Veibeskrivelse

a) Høst forsiktig de friske bladene og blomstene og vask og lufttørk dem.

b) Finhakk dem, legg i en ren krukke og dekk dem helt med rennende honning. Bland grundig for å sikre at alle urtene er godt dekket. Tilsett ekstra honning om nødvendig.

c) La stå på et varmt sted, for eksempel et lufteskap, i 5 dager. Sil deretter honningen gjennom en ren muslinklut og hell den over i en mindre sterilisert krukke.

d) Kast de silte urtene. 4 Lukk glasset, merk med en liste over alle ingrediensene og dato.

57. Sitronmelisse og honningpuré

Gir 125 g (4 1/2 oz)

Ingredienser

- 20 g (3/4 oz) friske sitronmelisseblader
- 100 g (3 1/2 oz) rennende honning
- Saft av 1/2 sitron

Veibeskrivelse

a) Ha bladene i en blender eller foodprosessor, tilsett honning og sitronsaft, og kjør til du får en jevn grønn puré. 2 Fortynn med vann og drikk.

b) Puréen holder seg i en uke eller to, hvis den oppbevares i kjøleskap.

58.   Nype sirup

Gir 700 ml (1 1/4 pints)

Ingredienser

- 500 g (1 lb 2 oz) ferske nyper
- 400 g (14 oz) sukker

Veibeskrivelse

a) Del frukten i to og øs ut frø og hår med en liten skje. Vask de rengjorte halvdelene under rennende vann for å fjerne de små hårene fra frukten ytterligere.

b) Ha frukten i en kjele, tilsett 600 ml (1 halvliter) vann og la det småkoke uten lokk over svak varme i 20-30 minutter til frukten er myk og vannet har redusert litt.

c) Sil blandingen og hell væsken i en ren kjele. Kast frukten. Tilsett sukkeret i den silte væsken og la det løses opp på lav varme, mens du rører konstant.

d) Når alt sukkeret har løst seg opp, øker du varmen og koker i 2-3 minutter. Hell sirupen i en sterilisert flaske.

59. Mullein og anis sirup

Gir 200 ml (7fl oz.)

Ingredienser

- 4 ts mullein blad tinktur
- 4 ts marshmallow rot tinktur
- 1 ss anistinktur
- 1 ss timian tinktur
- 4 ts plantain tinktur
- 2 ts lakrisrot tinktur 100ml (3 1/2fl oz.) manuka honning

Veibeskrivelse

a) Bland tinkturene og honningen, bland grundig og hell over i en sterilisert brun glassflaske. Forsegl, merk med alle ingrediensene og dater.

b) Den holder seg i 3-4 måneder.

60. Rosebladsirup

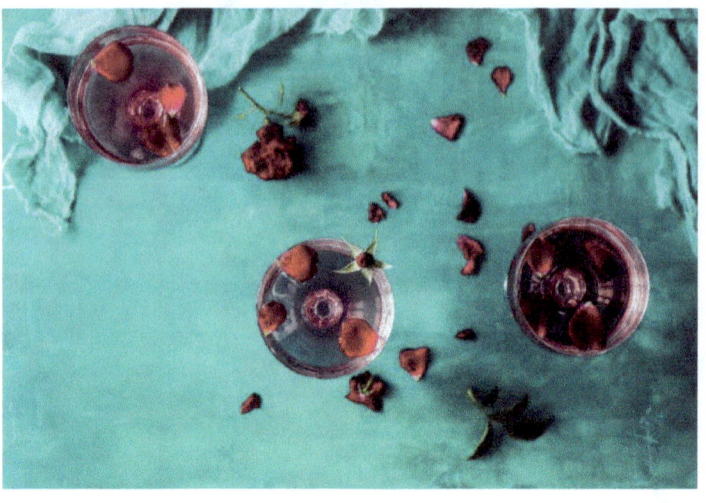

Gir omtrent 500 ml (16 fl oz.)

Ingredienser

- 225 g (8 oz) granulert sukker juice av 1 sitron, silt juice av 1 appelsin, silt
- 100g (31/2oz) tørkede roseblader eller
- 10 ferske rosehoder

Veibeskrivelse

a) Løs opp sukkeret i 300 ml (10 fl oz.) vann i en liten kjele over lav varme, og ikke la det koke, da dette vil gjøre blandingen uklar. Tilsett den silte sitron- og appelsinjuicen, skru ned varmen og la det småkoke på svak varme i 5 minutter.

b) I løpet av de neste 15 minuttene legger du til rosebladene, en spiseskje om gangen, og rør grundig før du legger til flere. Fjern fra varmen, la avkjøles og sil. Hell i en sterilisert glassflaske, forsegl og etikett. Oppbevares i kjøleskap og brukes innen 6 uker.

61.   Surkirsebærsirup

Gir 1 halvliter

Ingredienser

- 400 ml sur kirsebærjuice, ferskpresset
- 250 g (9 oz) sukker

Veibeskrivelse

a) Hell saften i en kjele, tilsett sukkeret og varm forsiktig opp. Løs opp sukkeret i saften under konstant omrøring, og la det deretter småkoke i 20 minutter på lav varme.

b) Sil sirup og flaske i en sterilisert glassflaske med tettsittende lokk. Oppbevares i kjøleskap og brukes innen noen få uker.

c) Drikk fortynnet med kaldt eller varmt mineralvann.

62. Echinacea og timiansirup

Gir 500 ml (16 fl oz.)

Ingredienser

- 20 g (¾oz) fersk timian
- 20 g (¾oz) friske ribwort plantainblader
- 20 g (¾oz) fersk echinacea rot, stilk og grønne blader
- 10 g (1/4 oz) fersk ingefærrot, revet
- 10 g (1/4 oz) fersk hvitløk, skinnet og knust
- 10 g (1/4 oz) fersk elecampanrot
- 1 hel fersk rød chili, finhakket
- 400 ml (14 fl oz.) vodka av god kvalitet
- 100 g (31/2 oz) manuka honning

Veibeskrivelse

a) Vask alle urteingrediensene når de er høstet og la dem tørke. Hakk dem så fint.

b) Ha alle ingrediensene unntatt honningen og vodkaen i en stor glasskrukke med lokk. Hell i vodkaen, lukk lokket godt og rist et par ganger. Merk glasset med ingrediensene og datoen. Plasser glasset i et mørkt skap og rist det minst en gang om dagen i 3 uker.

c) Sil innholdet i glasset gjennom muslinposen til en målemugge. Hell manukahonningen i en bolle og hell forsiktig i tinkturen, rør kontinuerlig med en visp til honningen og tinkturen er godt blandet. Hell sirupen i en 500 ml (16 fl oz.) ravgul glassflaske med lokk, og merk med ingrediensene og den opprinnelige startdatoen.

d) Ta 1 teskje 2-3 ganger om dagen, eller opptil 6 teskjeer om dagen ved begynnelsen av en forkjølelse. Denne sirupen bør holde seg i opptil 9 måneder.

URTETINKTUER

63. Peppermynte og timian tinktur

Gir 500 ml (16 fl oz.)

Veibeskrivelse

a) Ha alle ingrediensene unntatt vodkaen i en stor krukke.

b) Dekk til med vodkaen, rør og pass på at alle ingrediensene er godt nedsenket. Lukk glasset godt og plasser det i et mørkt skap. Gi glasset noen gode shakes hver dag i 3 uker.

c) Åpne glasset og sil ingrediensene gjennom en muslinfôret sil over i en grunn bolle. Kast ingrediensene i muslinen og hell væsken i en ravgul glassflaske. Merk tinkturflasken med navn på alle ingrediensene og dato. Ta 1 teskje i et glass varmt eller kaldt vann og nipp til før eller etter måltider.

64. Hyllebær og lakris tinktur

Gir 300-350 ml (10-12 fl oz.)

Ingredienser

- 25 g (små 1 oz) hyllebær
- 25 g (små 1 oz) echinacea rot
- 10 g (1/4 oz) lakrisrot
- 10 g (1/4 oz) fersk ingefærrot, revet
- 10 g (1/4 oz) kanelstang, delt i små biter
- 20 g (3/4 oz) peppermynte
- 400 ml (14 fl oz.) vodka av god kvalitet

Veibeskrivelse

a) Sørg for at alle de tørkede ingrediensene er finhakket, men ikke pulverisert.

b) Legg alle ingrediensene unntatt vodkaen i en stor glasskrukke med et godt lokk. Hell i vodkaen, lukk lokket godt og rist et par ganger.

c) Merk glasset med alle ingrediensene og datoen. Sett glasset i et mørkt skap og rist det minst en gang hver dag i 3 uker.

d) Sil innholdet i glasset gjennom en musselinpose over i en målemugge og hell tinkturen i en sterilisert ravgul glassflaske av passende størrelse (350–400 ml/12-14 fl oz.).

e) Forsegl flasken.

f) Merk med alle ingrediensene og den opprinnelige startdatoen. Start med å ta noen dråper hver dag og bygg opp til 1 teskje 2-3 ganger om dagen. Bruk innen 6 måneder.

65.   Limeblomst- og hagtornbærtinktur

Gir 300–350 ml (10–12 fl oz.)

Ingredienser

- 20 g (3/4 oz) limeblomster
- 20 g (3/4 oz) hagtornbær
- 20 g (3/4 oz) ryllik
- 20 g (3/4 oz) sitronmelisse
- 20 g (3/4 oz) crampbark
- 400 ml (14 fl oz.) vodka av god kvalitet

Veibeskrivelse

a) Sørg for at alle de tørkede ingrediensene er finhakket, men ikke pulverisert.

b) Legg alle ingrediensene unntatt vodkaen i en stor glasskrukke med et godt lokk. Hell i vodkaen, lukk lokket godt og rist et par ganger.

c) Merk glasset med alle ingrediensene og datoen. Sett glasset i et mørkt skap og rist det minst en gang hver dag i 3 uker.

d) Sil innholdet i glasset gjennom en musselinpose over i en målemugge og hell tinkturen i en sterilisert ravgul

glassflaske av passende størrelse (350-400 ml/12-14 fl oz.). Forsegl flasken.

e) Merk med alle ingrediensene og den opprinnelige startdatoen. Start med å ta noen dråper hver dag og bygg opp til 1 teskje 2-3 ganger om dagen. Bruk innen 6 måneder.

66.   Pasjonsblomst og kamille tinktur

Gir 300–350 ml (10–12 fl oz.)

Ingredienser

- 20 g (3/4 oz) pasjonsblomst
- 20 g (3/4 oz) kamille
- 20 g (3/4 oz) valerianrot
- 30 g (1 oz) surkirsebær, ferske eller tørkede 400 ml (14 fl oz.) vodka av god kvalitet

Veibeskrivelse

a) Sørg for at alle de tørkede ingrediensene er finhakket, men ikke pulverisert.

b) Legg alle ingrediensene unntatt vodkaen i en stor glasskrukke med et godt lokk. Hell i vodkaen, lukk lokket godt og rist et par ganger.

c) Merk glasset med alle ingrediensene og datoen. Sett glasset i et mørkt skap og rist det minst en gang hver dag i 3 uker.

d) Sil innholdet i glasset gjennom en musselinpose over i en målemugge og hell tinkturen i en sterilisert ravgul glassflaske av passende størrelse (350–400 ml/12–14 fl oz.).

e) Forsegl flasken.

f) Merk med alle ingrediensene og den opprinnelige startdatoen. Start med å ta noen dråper hver dag og bygg opp til 1 teskje sent på ettermiddagen og en annen før du legger deg. Bruk innen 6 måneder.

67.   Kysk bær og dang gui tinktur

Gir 300–350 ml (10–12 fl oz.)

Ingredienser

- 20 g (3/4 oz) kysk bær (også kalt agnus castus)
- 20 g (3/4 oz) kinesisk angelica (dang gui)
- 20 g (3/4 oz) morurt
- 20 g (3/4 oz) black haw rotbark (Viburnum prunifolium)
- 20 g (3/4 oz) kamille
- 400 ml (14 fl oz.) vodka av god kvalitet

Veibeskrivelse

a) Sørg for at alle de tørkede ingrediensene er finhakket, men ikke pulverisert.

b) Legg alle ingrediensene unntatt vodkaen i en stor glasskrukke med et godt lokk. Hell i vodkaen, lukk lokket godt og rist et par ganger.

c) Merk glasset med alle ingrediensene og datoen. Sett glasset i et mørkt skap og rist det minst en gang hver dag i 3 uker.

d) Sil innholdet i glasset gjennom en musselinpose over i en målemugge og hell tinkturen i en sterilisert ravgul

glassflaske av passende størrelse (350-400 ml/12-14 fl oz.). Forsegl flasken.

e) Merk med alle ingrediensene og den opprinnelige startdatoen. Start med å ta noen dråper hver dag og bygg opp til 1 teskje 2-3 ganger om dagen. Bruk innen 6 måneder.

68. Goji bær og sibirsk ginseng tinktur

Gir 300-350 ml (10-12 fl oz.)

Ingredienser

- 25 g (små 1 oz) gojibær
- 25 g (små 1 oz) sibirsk ginseng
- 25 g (små 1 oz) havretopper eller tørket havre
- 20 g (3/4 oz) schisandrabær
- 5 g (1/8 oz) lakrisrot
- 400 ml (14 fl oz.) vodka av god kvalitet

Veibeskrivelse

a) Sørg for at alle de tørkede ingrediensene er finhakket, men ikke pulverisert.

b) Legg alle ingrediensene unntatt vodkaen i en stor glasskrukke med et godt lokk. Hell i vodkaen, lukk lokket godt og rist et par ganger.

c) Merk glasset med alle ingrediensene og datoen. Sett glasset i et mørkt skap og rist det minst en gang hver dag i 3 uker.

d) Sil innholdet i glasset gjennom en musselinpose over i en målemugge og hell tinkturen i en sterilisert ravgul

glassflaske av passende størrelse (350–400 ml/12–14 fl oz.). Forsegl flasken.

e) Merk med alle ingrediensene og den opprinnelige startdatoen. Start med å ta noen dråper hver dag og bygg opp til 1 teskje 2–3 ganger om dagen. Bruk innen 6 måneder.

69. Tinktur av rødkløver og klyver

Gir 300–350 ml (10–12 fl oz.)

Ingredienser

- 15 g (1/2 oz) rødkløver
- 15 g (1/2 oz) klyver
- 20 g (3/4 oz) bratsj (hjertesyke)
- 20 g (3/4 oz) fiolette blader (Viola odorata)
- 20 g (3/4 oz) mahoniarot (Mahonia aquifolium), finhakket
- 20 g (3/4 oz) gotu kola
- 400 ml (14 fl oz.) vodka av god kvalitet

Veibeskrivelse

a) Sørg for at alle de tørkede ingrediensene er finhakket, men ikke pulverisert.

b) Legg alle ingrediensene unntatt vodkaen i en stor glasskrukke med et godt lokk. Hell i vodkaen, lukk lokket godt og rist et par ganger.

c) Merk glasset med alle ingrediensene og datoen. Sett glasset i et mørkt skap og rist det minst en gang hver dag i 3 uker.

d) Sil innholdet i glasset gjennom en musselinpose over i en målemugge og hell tinkturen i en sterilisert ravgul glassflaske av passende størrelse (350-400 ml/12-14 fl oz.). Forsegl flasken.

e) Merk med alle ingrediensene og den opprinnelige startdatoen. Start med å ta noen dråper hver dag og bygg opp til 1 teskje 2-3 ganger om dagen. Bruk innen 6 måneder.

70. Echinacea og hyllebær vinterbeskyttelsestinktur

Gir 1 måneds forsyning

Ingredienser

- 20 g (3/4 oz) fersk ingefærrot
- 80 g (23/4 oz) echinacea rot, fersk eller tørket
- 20 g (3/4 oz) timianblader, ferske eller tørkede
- 2 fedd hvitløk (valgfritt)
- 1 fersk chili med frø (valgfritt)
- 80 g (23/4 oz) hyllebær, ferske eller tørkede
- 500 ml (16 fl oz.) vodka av god kvalitet

Veibeskrivelse

a) Skjær den ferske ingefæren og echinacea -roten i tynne skiver, trekk de friske timianbladene fra stilkene, og finhakk hvitløk og chili (hvis du bruker dem).

b) Klem forsiktig hyllebærene. Ha alle ingrediensene i en stor krukke med godt lokk. Dekk til med vodkaen, bland godt og sørg for at alle ingrediensene er helt nedsenket.

c) Lukk toppen godt og plasser glasset i et mørkt skap. Sjekk det hver dag, rist glasset et par ganger. Etter 3 uker åpner du glasset, siler ingrediensene gjennom en musselinpose, samler væsken i en sterilisert ravgul glassflaske, merk med navnene på alle ingrediensene og dato.

71. Løvetann og burdock tinktur

Gir 300–350 ml (10–12 fl oz.)

Ingredienser

- 20g (3/4oz) løvetannrot
- 20 g (3/4 oz) burdockrot
- 20 g (3/4 oz) schisandrabær
- 10 g (1/4 oz) artisjokkblader
- 20 g (3/4 oz) melketistel
- 10 g (1/4 oz) gentianrot
- 400 ml (14 fl oz.) vodka av god kvalitet

Veibeskrivelse

a) Sørg for at alle de tørkede ingrediensene er finhakket, men ikke pulverisert.

b) Legg alle ingrediensene unntatt vodkaen i en stor glasskrukke med et godt lokk. Hell i vodkaen, lukk lokket godt og rist et par ganger.

c) Merk glasset med alle ingrediensene og datoen. Sett glasset i et mørkt skap og rist det minst en gang hver dag i 3 uker.

d) Sil innholdet i glasset gjennom en musselinpose over i en målemugge og hell tinkturen i en sterilisert ravgul glassflaske av passende størrelse (350-400 ml/12-14 fl oz.).

e) Forsegl flasken.

f) Merk med alle ingrediensene og den opprinnelige startdatoen. Start med å ta noen dråper hver dag og bygg opp til 1 teskje 2-3 ganger om dagen. Bruk innen 6 måneder.

72. Crampbark og valerian tinktur

Gir 300–350 ml (10–12 fl oz.)

Ingredienser

- 25 g (små 1 oz) crampbark
- 25 g (små 1 oz) valerianrot
- 20 g (3/4 oz) pasjonsblomst
- 20 g (3/4 oz) kamille
- 400 ml (14 fl oz.) vodka av god kvalitet

Veibeskrivelse

a) Sørg for at alle de tørkede ingrediensene er finhakket, men ikke pulverisert.

b) Legg alle ingrediensene unntatt vodkaen i en stor glasskrukke med et godt lokk. Hell i vodkaen, lukk lokket godt og rist et par ganger.

c) Merk glasset med alle ingrediensene og datoen. Sett glasset i et mørkt skap og rist det minst en gang hver dag i 3 uker.

d) Sil innholdet i glasset gjennom en musselinpose over i en målemugge og hell tinkturen i en sterilisert ravgul glassflaske av passende størrelse (350–400 ml/12–14 fl oz.). Forsegl flasken.

e) Merk med alle ingrediensene og den opprinnelige startdatoen. Start med å ta noen dråper hver dag og bygg opp til 1 teskje 2-3 ganger om dagen. Bruk innen 6 måneder.

73. Tinktur av svart cohosh og salvie

Gir 300-350 ml (10-12 fl oz.)

Ingredienser

- 20 g (3/4 oz) svart cohosh rot
- 15 g (1/2 oz) kysk bær
- 10 g (1/4 oz) salvie
- 20 g (3/4 oz) schisandrabær
- 15 g (1/2 oz) morurt
- 20 g (3/4 oz) kalott
- 400 ml (14 fl oz.) vodka av god kvalitet

Veibeskrivelse

a) Sørg for at alle de tørkede ingrediensene er finhakket, men ikke pulverisert.

b) Legg alle ingrediensene unntatt vodkaen i en stor glasskrukke med et godt lokk. Hell i vodkaen, lukk lokket godt og rist et par ganger.

c) Merk glasset med alle ingrediensene og datoen. Sett glasset i et mørkt skap og rist det minst en gang hver dag i 3 uker.

d) Sil innholdet i glasset gjennom en musselinpose over i en målemugge og hell tinkturen i en sterilisert ravgul glassflaske av passende størrelse (350–400 ml/12–14 fl oz.). Forsegl flasken.

e) Merk med alle ingrediensene og den opprinnelige startdatoen. Start med å ta noen dråper hver dag og bygg opp til 1 teskje 2–3 ganger om dagen. Bruk innen 6 måneder.

74. Bjørkeblad og brenneslerot tinktur

Gir 300-350 ml (10-12 fl oz.)

Ingredienser

- 25 g (små 1 oz) brenneslerot
- 15 g (1/2 oz) bjørkeblader
- 25 g (små 1 oz) pellitory -av-veggen
- 15g (1/2oz) solbærblader
- 20 g (3/4 oz) hvit poppel, eller poppelbark (Populus tremuloides)
- 400 ml (14 fl oz.) vodka av god kvalitet

Veibeskrivelse

a) Sørg for at alle de tørkede ingrediensene er finhakket, men ikke pulverisert.

b) Legg alle ingrediensene unntatt vodkaen i en stor glasskrukke med et godt lokk. Hell i vodkaen, lukk lokket godt og rist et par ganger.

c) Merk glasset med alle ingrediensene og datoen. Sett glasset i et mørkt skap og rist det minst en gang hver dag i 3 uker.

d) Sil innholdet i glasset gjennom en musselinpose over i en målemugge og hell tinkturen i en sterilisert ravgul glassflaske av passende størrelse (350–400 ml/12-14 fl oz.). Forsegl flasken.

e) Merk med alle ingrediensene og den opprinnelige startdatoen. Start med å ta noen dråper hver dag og bygg opp til 1 teskje 2–3 ganger om dagen. Bruk innen 6 måneder.

URTEMAT

75. Smuldret urtekylling

Utbytte: 2 porsjoner

Ingrediens

- 2 kopper Brødsmuler
- 1 ts salt
- 1 ts nykvernet pepper
- 2 spiseskjeer Tørket persille
- 1 ts tørket merian
- 1 ts tørket timian
- 1 ts tørket oregano
- 1 ts hvitløkspulver
- 1 oransje; oppskåret
- 4 kyllingbrysthalvdeler utbenet og flådd
- 2 egg; pisket ELLER Eggerstatning
- 2 spiseskjeer Smør eller margarin
- 2 spiseskjeer Vegetabilsk olje
- 1 kopp Kyllingkraft eller hvitvin
- 1 kvist fersk persille

Veibeskrivelse:

a) Ha brødsmuler, salt, pepper, persille, merian, timian, oregano og hvitløkspulver i en foodprosessor og mal grundig. Dypp kyllingbrystene i det sammenpiskede egget og dekk deretter med brødsmuler.

b) Over middels høy varme bruner du kyllingbrystene på begge sider i smør og olje. Senk varmen, tilsett kraft eller vin og dekk til. La småkoke i 20 til 30 minutter, avhengig av tykkelsen på brystene.

c) Pynt med appelsinskiver og persille.

76. Kyllingkrem med urter

Utbytte: 1 porsjon

Ingrediens

- 1 boks Krem av kyllingsuppe
- 1 boks Kylling buljong
- 1 boks melk
- 1 boks Vann
- 2 kopper Bisquick Baking Mix
- ¾ kopp melk

Veibeskrivelse:

a) Tøm bokser med suppe i en stor panne

b) Rør inn bokser med vann og melk. Bland sammen til jevn. Varm opp på middels varme til det koker

c) Rør sammen Bisquick og melk. Deigen skal være tykk og klissete . Ha deigen i en teskje i kokende suppe.

d) Kok dumplings i ca. 8 til 10 minutter. avdekket

77.   Aprikos Dijon -glasert kalkun

Utbytte: 6 porsjoner

Ingrediens

- 6 kyllingbuljongterninger
- 1½ kopp ukokt langkornet hvit ris
- ½ kopp skivede mandler
- ½ kopp hakkede tørkede aprikoser
- 4 grønne løk med topper; oppskåret
- ¼ kopp avkuttet fersk persille
- 1 ss appelsinskall
- 1 teskje Tørket rosmarin; knust
- 1 teskje Tørkede timianblader
- 1 benfritt kalkunbryst halvparten - ca 2 1/2 pounds
- 1 kopp Aprikossyltetøy eller appelsinmarmelade
- 2 ss dijonsennep

Veibeskrivelse:

a) For urtepilaf, kok opp vann. Tilsett buljong . Fjern fra varmen til en bolle. Tilsett alle de resterende pilafingrediensene unntatt kalkun; Bland godt. Legg kalkun på toppen av risblandingen.

b) Dekk til og stek i 45 minutter

c) Fjern kalkun fra ovnen; fjern forsiktig Baker med ovnsvotter.

d) Rør pilaf rett før servering, server med kalkun og saus.

78. Kylling og ris på urtesaus

Utbytte: 4 porsjoner

Ingrediens

- ¾ kopp varmt vann
- ¼ kopp hvitvin
- 1 ts buljonggranulat med kyllingsmak
- 4 (4 oz.) kyllingbrysthalver flådd og utbenet
- ½ ts maisstivelse
- 1 ss vann
- 1 pakke ost i Neufchatel-stil med urter og krydder
- 2 kopper varm kokt langkornet ris

Veibeskrivelse:

a) Kok opp varmt vann, vin og buljonggranulat i en stor panne på middels høy varme. Reduser varmen og tilsett kylling, la det småkoke i 15 minutter; snu etter 8 minutter. Fjern kyllingen når den er ferdig, hold den varm. Kok opp matlagingsvæsken, reduser til ⅔ kopp.

b) Bland maisstivelse og vann og tilsett væsken. Kok opp og kok i 1 minutt under konstant omrøring. Tilsett kremost og kok til det er godt blandet, rør hele tiden med wire. Å servere:

c) Topp ris med kylling, skje saus over kylling

79. Kylling i fløte og urt

Utbytte: 6 porsjoner

Ingrediens

- 6 kyllinglår, flådd og utbenet
- All-purpose mel krydret med salt og pepper
- 3 ss smør
- 3 ss olivenolje
- ½ kopp tørr hvitvin
- 1 ss sitronsaft
- ½ kopp kremfløte
- ½ ts tørket timian
- 2 ss Finhakket fersk persille
- 1 sitron i skiver (pynt)
- 1 ss kapers, skyllet og drenert (pynt)

Veibeskrivelse:

a) Varm opp 1½ ss hver smør og olje i en stor panne. Tilsett kyllingbiter slik det passer uten å trenge seg. kokk

b) Tilsett vin og sitronsaft i pannen og la det småkoke over moderat høy varme, rør for å blande inn brunede partikler. Kok opp, reduser til omtrent halvparten

c) Tilsett kremfløte, timian og persille; kok til sausen tykner litt. Hell eventuell kjøttsaft fra varmefatet i sausen.

d) Tilpass sausen for krydder etter smak. Hell over kjøtt og pynt med persille, sitronskiver og kapers

80. Kyllingmadeira på kjeks

Utbytte: 6 porsjoner

Ingrediens

- 1½ pund kyllingbryst
- 1 ss matolje
- 2 fedd hvitløk, finhakket
- 4½ kopp fersk sopp i kvarte
- ½ kopp hakket løk
- 1 kopp rømme
- 2 ss All-purpose mel
- 1 kopp skummet melk
- ½ kopp kyllingbuljong
- 2 ss Madeira eller tørr sherry

Veibeskrivelse:

a) Stek kyllingen i varm olje over middels høy varme i 4-5 minutter eller til den ikke lenger er rosa. Tilsett hvitløk, sopp og løk i pannen. Kok uten lokk i 4-5 minutter eller til væsken har fordampet.

b) Rør sammen rømme, mel, ½ ts salt og ¼ ts pepper i en bolle. Tilsett rømmeblanding, melk og buljong i pannen. Tilsett kylling og Madeira eller sherry; varme gjennom.

c) Server over urtekjeks.

81. Kyllingsuppe med urter

Utbytte: 7 porsjoner

Ingrediens

- 1 kopp tørkede cannellinibønner
- 1 teskje Oliven olje
- 2 purre, trimmet -- vasket
- 2 gulrøtter - skrelt og i terninger
- 10 milliliter hvitløk -- finhakket
- 6 plommetomater
- 6 Nypoteter
- 8 kopper hjemmelaget kyllingbuljong
- $\frac{3}{4}$ kopp tørr hvit sutre
- 1 kvist fersk timian
- 1 kvist fersk rosmarin
- 1 laurbærblad

Veibeskrivelse:

a) Skyll bønner og plukk over, dekk til med vann og sett til side for å trekke i 8 timer eller over natten. I en stor gryte, varm olje over middels lav varme. Tilsett purre, gulrøtter og hvitløk; kok til den er myk, ca 5 minutter. Rør inn tomater og stek i 5 minutter. Tilsett poteter og kok i 5 minutter.

b) Tilsett kyllingbuljong, vin og urter; kok opp. Tøm bønnene og legg i gryten; kok 2 timer, eller til bønnene er myke.

c) Fjern laurbærbladet og urtekvistene før servering.

82. Kylling med vin og urter

Utbytte: 4 porsjoner

Ingrediens

- Steking av kylling
- ½ ts oregano
- ½ ts basilikum
- 1 kopp tørr hvitvin
- ½ ts hvitløkssalt
- ½ ts salt
- ¼ teskje pepper

Veibeskrivelse:

a) Vask kylling og kutt opp. I liten mengde olje, brun kyllingbiter på alle sider. Hell av overflødig olje.

b) Tilsett vin og krydder og la det småkoke i 30 til 40 minutter eller til kyllingen er mør.

83. Urteravioli

Ingrediens

- 2 8,5x11" ferske pastaplater
- 1¼ kopp Ricotta-ost; uten fett
- ¾ kopp Italiensk brødsmuler
- ¼ kopp Frisk basilikum og ¼ kopp fersk persille; hakket
- ⅛ teskje oregano o og ⅛ Muskatnøtt
- Salt og sort pepper
- Posjert tomatbunn
- 2 store Tomater; moden
- 2 fedd hvitløk; tynt kuttet
- 6 friske basilikumblader

Veibeskrivelse:

a) Kombiner ricotta, brødsmuler, basilikum, persille, oregano, muskatnøtt, salt og sort pepper i en stor miksebolle.

b) Legg pastaplater flatt på arbeidsflaten og slipp fire like porsjoner (ca. ¼ kopp) ricottablanding på de 4 kvadrantene på venstre halvdel av hvert pastaark. Brett høyre halvdel av pastaplaten over den andre halvdelen. Trykk ned rundt hver ostehaug for å forsegle.

c) Kok opp vann i en stor kjele. Slipp ravioli i vann og kok i 3-5 minutter . Vask, kjernen, skrell og grovhakk tomater. Sette til side. Surr hvitløk kort, tilsett tomater, basilikum, vann og salt

d) Dekk til og kok i 5 minutter . Hell tomatblandingen på 4 serveringsfat og topp hver tallerken med to raviolier.

84.   Linguini med blandet urt

Utbytte: 1 porsjon

Ingrediens

- 4 medium gulrøtter
- 3 medium squash
- 1 pund tørket linguine
- 1 kopp Pakket ferske flatbladede persilleblader
- ½ kopp Pakkede ferske basilikumblader
- 1 ss Friske timianblader
- 1 ss ferske rosmarinblader
- 1 ss Friske estragonblader
- ½ kopp nyrevet parmesan
- ⅓ kopp olivenolje
- ¼ kopp valnøtter; ristet gyllent
- 1 ss balsamicoeddik

Veibeskrivelse:

a) I en 6-liters kjele koker du 5 liter saltet vann. Tilsett linguine og kok i 8 minutter, eller til den knapt er mør. Tilsett gulrøtter og kok 1 minutt. Tilsett zucchini og kok i 1 minutt. Reserver ⅔ kopp kokevann og tøm pasta og grønnsaker.

b) I en stor bolle rør sammen pesto og reservert varmt kokevann. Tilsett pasta og grønnsaker og bland godt.

c) I en foodprosessor blander du sammen alle ingrediensene med salt og pepper etter smak til den er jevn.

85.   Farfalle med urtesaus

Utbytte: 1 porsjon

Ingrediens

- 2 fedd hvitløk - finhakket
- 1 lb. farfalle -- kokt
- 2 c friske myntekvister
- ¾ ekstra virgin olivenolje
- ½ c grønnsakskraft
- 1½ ts salt
- ½ ts fersk pepper
- 1 ss sitronsaft
- ½ c valnøtter, ristet, hakket
- ½ c parmesanost

Veibeskrivelse:

a) I en blender, eller foodprosessor, tilsett urter og hvitløk, og mens maskinen er i gang, drypp på ½ olivenolje, grønnsakskraften og deretter resten av oljen. Tilsett salt, pepper og sitron, bland og smak til og juster krydder.

b) Bland med kokt pasta mens den fortsatt er varm, vend inn nøtter og ost. Pynt med friske urtekvister.

86. Eggnudler med hvitløk

Utbytte: 4 porsjoner

Ingrediens

- ½ pund eggnudler
- 4 store hvitløksfedd(er)
- 1½ kopp blandede urter
- 2 ss ekstra virgin olivenolje
- Salt og pepper

Veibeskrivelse:

a) Kok pastaen i en stor gryte med kokende, saltet vann til den er mør, men fortsatt fast, 7-9 minutter . Tøm godt.

b) I mellomtiden, hakk hvitløken, finhakk urtene; du vil ha ca 1 kopp.

c) Bland olivenolje og hvitløk i en stor stekepanne. Stek på middels varme, rør av og til, til hvitløken er duftende, men ikke brun, 2-3 minutter . Ta av varmen og rør inn de hakkede urtene.

d) Tilsett de kokte nudlene i stekepannen og bland. Smak til med salt og pepper og bland godt

87. Cappelini med urtespinat

Utbytte: 6 porsjoner

Ingrediens

- 8 gram Angel hair pasta (cappelini)
- 10 gram frossen spinat
- 1 pund fersk spinat
- 1 ss jomfruoliven
- 1 løk; hakket
- 2 ss fersk persille
- $\frac{1}{2}$ ts tørket bladbasilikum
- $\frac{1}{2}$ ts tørket blad oregano
- $\frac{1}{2}$ teskje Malt muskatnøtt
- Salt og pepper etter smak
- 2 ss revet parmesanost;

Veibeskrivelse:

a) Kok opp en stor kjele med vann og kok pasta til al dente, 3 minutter. Tøm i et dørslag; sette til side. Legg i mellomtiden frossen spinat på en damprist over kokende vann til den er litt visnet.

b) fres løken i en stekepanne til den er myk. Ha spinat, løk, persille, basilikum, oregano, muskat, salt og pepper i en blender på en foodprosessor utstyrt med metallblad, og kjør til puré. Legg pastaen i en serveringsbolle, bland med saus og strø over parmesanost

88. Malaysisk urteris

Ingrediens

- 400 gram' Fersk laks
- 2 spiseskjeer soyasaus og 2 ss Mirin
- 6 kopper Kokt sjasminris
- Kaffir lime blader
- ½ kopp ristet; revet kokosnøtt
- Gurkemeie/ galangal; skrelles
- 3 spiseskjeer Fiskesaus

Påkledning

- 2 små røde chilier; frøsådd og hakket
- ½ kopp Thai basilikum
- ½ kopp vietnamesisk mynte
- 1 moden avokado; skrelles
- 1 rød chili ; hakket
- 2 fedd hvitløk; hakket
- ⅓ kopp Lime juice

Veibeskrivelse:

a) Bland soya og mirin og hell over fisken og mariner i 30 minutter. Varm opp en grillpanne eller griller og stek fisken til den er gylden .

b) Julienne gurkemeie , galangal, chili og kaffir limeblader og bland med den kokte risen. Tilsett ristet kokos, basilikum og mynte og bland med fiskesausen. Sette til side.

c) Puré all dressingen Ingredienser , brett deretter dressingen gjennom risen til risen er farget lysegrønn . Flak den kokte fisken og tilsett risen .

89. Englehår med røkelaks

Utbytte: 4 porsjoner

Ingrediens

- 8 gram Angel hår pasta; ukokt
- 6 gram røkt laks; tynt kuttet
- 3 ss olivenolje
- 1 stor hvitløk; finhakket
- 2¼ kopp hakket; tomater med frø
- ½ kopp Tørr hvitvin
- 3 ss Avrente store kapers
- 1½ ts Spice Islands Dill Weed
- 1½ teskje Spice Islands Sweet Basilikum
- ½ kopp parmesanost; nyrevet
- 2 kopper tomater, vin

Veibeskrivelse:

a) Tilbered pasta i henhold til anvisningen på pakken.

b) I mellomtiden skjærer du laks langs kornet i ½-tommers brede strimler; sette til side.

c) Varm olje over middels høy varme i en stor stekepanne til den er varm; kok og rør hvitløken til den er gylden.

d) Rør kapers, dill og basilikum; kok til blandingen er varm, rør av og til.

e) Kombiner pasta og tomatblanding i en stor bolle; kast for å kombinere.

f) Tilsett laks og ost; kast lett. Pynt med resterende tomater og persille, om ønskelig.

90. Torsk med urter

Utbytte: 4 porsjoner

Ingrediens

- 3 kopper vann
- ½ kopp skivet selleri
- 1 pakke Instant kyllingbuljong
- ½ sitron
- 2 ss Dehydrerte løkflak
- 1 ts fersk persille, hakket
- ½ hvert laurbærblad
- ⅛ teskje Malt nellik
- ⅛ teskje timian
- 4 hver utbenede og flådde torskesteker
- 2 medier Tomater, kuttet i to
- 2 medier Grønn paprika, frøsådd og delt i to

Veibeskrivelse:

a) I en 12-tommers panne kombinerer du vann, selleri, buljongblanding, sitron, løkflak, persille, laurbærblad, nellik og timian. Kok opp, reduser deretter varmen til en koking. Tilsett fisk og posjer 5 til 7 minutter. Tilsett tomat- og grønn paprikahalvdeler, og kok ferdig til fisken lett flaker seg. Fjern fisk og grønnsaker, hold varmt.

b) Kok væsken til den er halvert. Fjern sitron og laurbærblad. Legg væske og halvparten av den kokte tomaten og paprikaen i en blenderbeholder. Puré til glatt

c) Hell over fisk og resterende tomat og paprika.

91. Kald posjert laks

Utbytte: 1 porsjon

Ingrediens

- 6 Hudfri; (6 unse) laksefileter
- Salt og hvit pepper
- 3 kopper fiskekraft eller muslingjuice
- 1 haug oregano
- 1 haug basilikum
- 1 haug persille
- 1 haug timian
- 6 tomater; skrelles, frøsettes og kuttes
- ½ kopp ekstra virgin olivenolje
- 1½ ts salt
- ½ ts nykvernet sort pepper

Veibeskrivelse:

a) Krydre laksen over det hele med salt og pepper

b) Kok opp kraft eller juice i en stor ovnssikker panne. Tilsett fisk, så de knapt berører dem, og kok opp væsken igjen. Overfør til ovnen og stek i 5 minutter mens du snur fisken

c) For å lage dressing, fjern stilkene og finhakk alle urter. Bland alle ingrediensene i en liten bolle, og oppbevar i kjøleskapet.

92. Dill urtefileter

Utbytte: 4 porsjoner

Ingrediens

- 2 pund filet av rød snapper
- ¾ teskje salt
- ½ ts malt pepper
- ½ kopp olivenolje
- 1½ spiseskje finhakket persille
- 1 ss hakket sjalottløk, krydder
- 1 x hunter frysetørket eller fersk
- 1 klype oregano
- ¼ kopp ferskpresset sitronsaft

Veibeskrivelse:

a) Plasser fisken i et enkelt lag, oljet, grunne ildfast form. Dryss over olje, persille, sjalottløk, dill og oregano. Stek i en forvarmet ovn ved 350 grader F til kjøttet knapt skiller seg når det testes med en gaffel - 15 til 20 minutter. Tørk to ganger med pannesaft mens du steker. Fjern fisken til et serveringsfat.

b) Bland sitronsaft i grytedrypp, og hell deretter over fisken.

93. Sprøbakt fisk og urter

Utbytte: 4 porsjoner

Ingrediens

- 4 hver Fileter hvit fisk
- 1 ss vann
- $\frac{1}{8}$ teskje sitronpepper
- 1 ts lavfettmargarin, smeltet
- 1 hver eggehvite
- $\frac{1}{2}$ kopp cornflake-smuler
- 2 ts hakket fersk persille

Veibeskrivelse:

a) Forvarm ovnen 400F. Spray lett en middels stor grunne stekepanne med grønnsaksspray. Skyll fisken og tørk.

b) Pisk eggehvite med litt vann i en liten bolle. Dypp fisken i eggehvite, og rull deretter i smuler. Legg fisken i en stekepanne. Dryss over sitronpepper og persille, og drypp deretter margarin over det hele.

c) Stek uten lokk i 20 minutter eller til fisken lett flaker seg

94.   Fettuccine med reker

Utbytte: 2 porsjoner

Ingrediens

- 1 pakke Lipton kremaktig urtesuppeblanding
- 8 gram reker
- 6 gram Fettuccini, kokt
- 1¾ kopp melk
- ½ kopp erter
- ¼ kopp parmesan, revet

Veibeskrivelse:

a) Bland suppeblandingen med melk og kok opp. Tilsett reker og erter og la det småkoke i 3 minutter til rekene er møre.

b) Bland med varme nudler og ost.

95. Blåskjell med hvitløk

Utbytte: 1 porsjon

Ingrediens

- 1 kilo Ferske levende blåskjell
- 2 sjalottløk eller 1 liten løk
- 200 milliliter Tørr hvitvin
- 1 laurbærblad
- 1 kvist persille
- 125 gram smør
- 1 ss hakket persille; opptil 2
- 2 fedd hvitløk; knust
- Nykvernet sort pepper
- 2 ss ferske hvite brødsmuler til slutt
- 250 gram Havsalt til presentasjon

Veibeskrivelse:

a) Hakk løken og legg den i en god panne med vin, laurbærblad, timian og persille, og la dem småkoke. Tilsett blåskjellene, sjekk at de er lukket og kast alle som er åpne.

b) Dekk til kjelen og la det småkoke i 5 eller 6 minutter eller til blåskjellene er åpne.

c) Pisk smøret og bland godt inn persille og hvitløk med litt sort pepper. Legg 1/2 ts på hver blåskjell, tilsett et lett dryss med brødsmuler og legg under en varm grill i 2-3 minutter.

Server blåskjellene varme på havsaltbunnen.

96. Fisk karibisk med vin

Utbytte: 1 porsjon

Ingrediens

- 1 kopp ris eller couscous - kokt
- 4 ark pergamentpapir, folie
- 2 små zucchini
- 1 Chile poblano
- Pasillo -- i tynne strimler
- 1 pund beinfri fast hvit fisk
- 4 medier Tomater
- 10 svarte oliven
- 1 teskje Hver hakket fersk basilikum
- Timian -- estragon
- Persille og grønn løk
- 1 egg

Veibeskrivelse:

a) Legg på en bakeplate og stek i 12 minutter eller til fisken er ferdig! Legg ½ kopp av den kokte risen i midten .

b) Topp hver servering med ½ kopp squashstrimler, en bit av fisken, ¼ kopp tomat i terninger og 3 tynne strimler av Chile .

c) Dryss en fjerdedel av de hakkede olivenene på hver porsjon, og topp med ¼ hver av de friske urtene.

d) Kombiner all sausen Ingredienser og puré . Hell i en liten kjele og kok opp på middels varme. Press

97. Monkfish med hvitløkaktig urt

Utbytte: 4 porsjoner

Ingrediens

- 700 gram Fileterte breiflabbhaler
- 85 gram Smør
- 2 fedd hvitløk - knust
- Egg (pisket)
- Saft av en sitron
- 1 ts Finhakkede urter
- Krydret mel

Veibeskrivelse:

a) Myk opp smør og tilsett urter og hvitløk. Slapp av. -- Lag en åpning i hver breiflabbfilet og pakk med det avkjølte urtesmøret. Brett opp for å omslutte smør. Kast hver del i krydret mel, dypp i sammenvispet egg og rull i brødsmuler. Trykk smulene godt på fisken.

b) Legg fisken i en smurt form. Drypp litt smeltet smør eller olje, og sitronsaft, på toppen. Stek i 30-35 minutter ved 375F/190C.

c) Server med en gang.

98. Herbedde svinekoteletter

Utbytte: 4 porsjoner

Ingrediens

- 1 egg
- ⅓ kopp Tørre brødsmuler
- ¼ kopp frisk basilikum, hakket
- 2 ss fersk oregano, hakket
- 1 ss parmesan, fersk revet
- 1 ts frisk timian, hakket
- ½ ts pepper
- ¼ teskje salt
- 1 pund Hurtigstekte svinekoteletter
- 2 ss vegetabilsk olje

Veibeskrivelse:

a) Pisk egget lett i en grunn tallerken. I en egen grunn tallerken, rør sammen brødsmuler, basilikum, oregano, parmesan, timian, pepper og salt. Dypp svinekjøtt i egg for å belegge godt; press inn i brødsmuleblandingen, snu til belegget over det hele.

b) Varm halvparten av oljen i en stor panne. Over middels varme; kok svinekjøtt, i partier og tilsett gjenværende olje om nødvendig, snu en gang i 8-10 minutter eller til bare et snev av rosa er igjen inni. Server med nye røde poteter og gule bønner.

99. Kloster urtepølse

Utbytte: 1 porsjon

Ingrediens

- 400 gram magert svinekjøtt
- 400 gram magert biff
- 200 grams grønn svineryggfett eller fet
- Svinekjøtt uten skinn
- 20 gram salt
- 2 ts finkvernet hvit pepper
- 1 ts timian
- 1 ts merian
- 5 stykker piment
- 1 stk finmalt
- Kanel

Veibeskrivelse:

a) Hakk svinekjøtt, biff og fett gjennom 8 mm skive. Bland urter og krydder og dryss over kjøttmasse og bland alt sammen for hånd i 5-10 minutter.

b) Monter trakten til mikseren og fyll svinetarm. Vri til ønsket lengde.

100. Lammefilet med urter

Utbytte : 4 porsjoner

Ingrediens

- 450 gram Lammenakkefilet
- 1 teskje Tørket timian
- 1 teskje Tørket rosmarin
- 2 fedd hvitløk, i tynne skiver
- 2 ss olivenolje
- Salt og nykvernet sort pepper

Veibeskrivelse:

a) Skjær hvert lammestykke i to på tvers og skjær deretter på langs, ikke helt gjennom, og åpne ut som en bok. For å lage trygg mat på en grill, bør hver del ikke være tykkere enn 2 cm/ ¾ in. Hvis den er tykkere, slå lett med en kjevle mellom 2 stykker matfilm

b) Kombiner alle de resterende ingrediensene i en bolle og tilsett lammet. Bland godt, dekk til og la stå i kjøleskapet i opptil 48 timer, snu av og til.

c) Legg kjøttet på grillristen og stek i 4-5 minutter på hver side.

d) Pass på at den er gjennomstekt. Pensle lett med marinaden under kokingen.

KONKLUSJON

Både kokker og hjemmekokker bruker ferske og tørkede urter for å lage både søte og salte retter, alt fra fyldige sauser til lette salater og bakevarer med urter. I tillegg til deres kulinariske bruksområder, har medisinske urter og deres verdifulle essensielle oljer blitt brukt for deres helsemessige fordeler siden middelalderen, alt fra anti-inflammatoriske og antivirale fordeler til hudrensende, aktuelle krefter.

Bli en bedre urte-hjemmekokk med rettene fremhevet i denne boken.

www.ingramcontent.com/pod-product-compliance
Lightning Source LLC
Chambersburg PA
CBHW070658120526
44590CB00013BA/1013